A Mensagem do Natal

A Mensagem do Natal

EUGENE H. PETERSON

Editora Vida
Rua Isidro Tinoco, 70 Tatuapé
CEP 03316-010 São Paulo, SP
Tel.: 0 xx 11 2618 7000
Fax: 0 xx 11 2618 7030
www.editoravida.com.br

Copyright © 2000, Eugene H. Peterson
Originalmente publicado nos EUA com o título *The Message of Christmas*.
Copyright da edição brasileira © 2013, Editora Vida.
Edição publicada com permissão de NavPress, uma divisão de The Navigators (P.O. Box 35001, Colorado Springs, Colorado, EUA).

∎

Todos os direitos em língua portuguesa reservados por Editora Vida.

Proibida a reprodução por quaisquer meios, salvo em breves citações, com indicação da fonte.

∎

Os textos bíblicos foram tirados de *A Mensagem: Bíblia em linguagem contemporânea*, AM ®
Copyright © 2011, Editora Vida.
Todos os direitos reservados mundialmente

Editor responsável: Marcelo Smargiasse
Editor-assistente: Gisele Romão da Cruz Santiago
Tradução: Marcelo Smargiasse
Revisão de provas: Equipe Vida
Diagramação: Karine P. dos Santos
Capa: Arte Peniel

Esta obra está em conformidade com o Acordo Ortográfico da Língua Portuguesa, assinado em 1990, em vigor desde janeiro de 2009.

1. edição: nov. 2013

Dados Internacionais de Catalogação na Publicação (CIP)
(Câmara Brasileira do Livro, SP, Brasil)

Peterson, Eugene H.\
A mensagem do Natal / Eugene H. Peterson ; [tradução Marcelo Smargiasse].
— São Paulo : Editora Vida, 2013.

Título original: *The Message of Christmas*.
ISBN 978-85-383-0276-6

1. Natal — Celebrações 2. Natal — Mensagens I. Título.

13-08730 CDD-242.335

Índices para catálogo sistemático:

1. Natal : Mensagens : Literatura devocional : Cristianismo 242.335

INTRODUÇÃO

A Mensagem do Natal

A história do nascimento de Jesus gera imensas consequências. O mundo está repleto de histórias e canções, quadros e peças de teatro que remontam a essa história, sem sinais de retrocesso. Escritores, cantores e artistas, sem contar os inúmeros filhos, pais e avós em todo o mundo, continuam a encontrar atuais e novos meios de manter essa história viva.

Mas mais impressionantes são as vidas que continuam a ganhar novo começo — um novo nascimento — com a história desse nascimento. Dia a dia, homens e mulheres — que se sentem mais mortos do que vivos —, quando ouvem, cantam ou veem esta história, redescobrem o completo, indizível e belo valor da vida. A história do nascimento de Jesus ainda encontra ressonância na vida das pessoas.

O nascimento de Jesus é um nascimento com uma mensagem. É preciso toda a Bíblia para apresentar a mensagem completa, mas este nascimento é o seu centro: em Jesus, Deus está aqui para nos dar vida verdadeira.

O Salvador anunciado

Um autêntico ramo de Davi

Jeremias 23.5,6

"Está chegando o tempo" — decreto do Eterno —
  "em que vou estabelecer um Ramo de Davi realmente
    justo,
Um governante que saberá governar com justiça.
  Ele vai se empenhar para que haja justiça e manterá o
    povo unido.
Judá vai se sentir em segurança outra vez;
  Israel também se sentirá seguro.
E vejam o nome que darão a ele:
  O Eterno que Estabelece a Justiça.

O FILHO QUE NASCEU!
Isaías 9.2-7

O povo que vivia nas trevas
    viu grande luz.
Assentados naquela escura região da morte,
    viram o Sol raiar.
Tu repovoaste a terra,
    expandiste a alegria desse povo.
E eles estão felizes na tua presença:
    alegria de festa,
Alegria de grande celebração,
    com troca de presentes caros e saudações calorosas.
O abuso dos opressores e a crueldade dos tiranos,
    com seus chicotes, cassetetes e xingamentos,
Já se foram, acabaram: chegou a libertação,
    tão surpreendente e repentina quanto a vitória de Gideão
        sobre Midiã.
As botas dos soldados invasores
    e os uniformes encharcados de sangue inocente
Serão empilhados e queimados,
    e a fogueira permanecerá acesa vários dias!
Porque um filho nasceu — para o nosso bem!
    Um filho foi dado de presente — a nós!
Ele vai assumir
    o governo do mundo.
Seu nome será: Conselheiro Maravilhoso,
    Deus Forte,

Pai Eterno,
    Príncipe de Bênção Plena.
A autoridade de seu governo vai se expandir,
    e não haverá limites para a restauração que ele irá
      promover.
Ele governará com base no trono histórico de Davi,
    no reino prometido.
O reino será estabelecido firmemente
    e se manterá
Por meio de justiça e vida íntegra;
    começa agora e durará para sempre.
O zelo do Senhor dos Exércitos de Anjos
    fará tudo isso.

O JUSTO JUIZ

Isaías 11.1-5

Um Ramo verde vai brotar do tronco de Jessé,
    um Renovo rebentará de suas raízes.
O Espírito do Eterno, doador da vida, paira sobre ele,
    o Espírito que dá sabedoria e entendimento,
O Espírito que orienta e concede força,
    o Espírito que instila a sabedoria e o temor do Eterno.
O temor do Eterno
    será sua alegria e prazer.
Ele não vai julgar pelas aparências
    nem tomar decisões com base em rumores.
Ele vai julgar a causa dos oprimidos com base no que é
    correto,
    pronunciar sentenças justas em favor dos pobres da
    terra.
Suas palavras vão inspirar respeito e reverência.
    Um mero sopro de seus lábios derrubará os maus.
Toda manhã, ele se vestirá com roupas e botas adequadas
    para o trabalho
    e se empenhará em edificar justiça e fidelidade na terra.

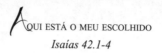

AQUI ESTÁ O MEU ESCOLHIDO

Isaías 42.1-4

"Olhem bem para meu servo.
   Estou dando a ele pleno apoio.
Ele é meu escolhido,
   e eu não poderia estar mais satisfeito com ele.
Eu lhe dei do meu Espírito, da minha vida.
   Ele estabelecerá a justiça entre as nações.
Não chamará atenção para o que faz
   com discursos espalhafatosos ou desfiles pomposos.
Ele não vai menosprezar os oprimidos nem os fracos,
   nem fazer pouco caso do cidadão comum,
   mas, com firmeza e constância, estabelecerá a justiça.
Ele não vai fraquejar nem desistir. Não será impedido
   até que termine sua obra — trazer justiça à terra.
As grandes ilhas do oceano
   aguardam ansiosamente o seu ensino".

Um rei humilde montado num jumento
Zacarias 9.9,10

"Grite e aplauda, Filha Sião!
    Faça um estardalhaço, Filha Jerusalém!
O seu rei está a caminho:
    um rei bom que faz tudo de forma correta,
    um rei humilde montado num jumento,
    cria de um animal de carga.
Chega de guerras, chega de carros de guerra em Efraim,
    chega de cavalos de guerra em Jerusalém,
    chega de espadas e lanças, de arcos e flechas!
Ele vai oferecer paz às nações,
    um governo pacífico em toda a terra,
    dos quatro ventos aos sete mares.

Uma virgem dará à luz um filho
Isaías 7.10-14

O Eterno falou novamente com Acaz. Dessa vez, disse: "Peça um sinal milagroso ao Eterno. Qualquer coisa. Seja ousado. Pode pedir o céu!".

Mas Acaz respondeu: "Eu nunca faria isso. Jamais faria exigências desse tipo a Deus!".

Então, Isaías disse: "Então, ouça isto, governo de Davi! Já é ruim que você canse o povo com suas hipocrisias piedosas e covardes, mas agora você está cansando Deus. Por isso, o Senhor dará um sinal milagroso a você, mesmo assim. Preste atenção: a virgem ficará grávida e dará à luz um filho; eles o chamarão Emanuel (Deus Conosco).

O ANÚNCIO
Lucas 1.26-38

No sexto mês da gravidez de Isabel, Deus enviou o anjo Gabriel à cidadezinha de Nazaré, na Galileia, a uma virgem prestes a se casar com um homem chamado José, descendente de Davi. O nome da virgem era Maria. Ao entrar, o anjo disse a ela:

"Alegre-se!
Como você foi agraciada!
Agraciada pelo belo agir de Deus!
Deus está com você!"

Ela ficou perplexa, pensando muito nas palavras do anjo. Mas ele a tranquilizou: "Maria, não há nada a temer. Deus preparou uma surpresa: você vai engravidar, dará à luz um filho e irá chamá-lo Jesus.

Ele será grande,
    será chamado 'Filho do Altíssimo'.
O Senhor Deus dará a ele
    o trono de seu pai Davi.
Ele governará a casa de Jacó para sempre —
    E o seu Reino jamais terá fim".

Maria perguntou ao anjo: "Mas como, se sou virgem?".
O anjo respondeu:

"O Espírito Santo virá sobre você,
    o poder do Altíssimo a envolverá.

O filho que você dará à luz
    será chamado Santo, Filho de Deus.

"E saiba que sua prima Isabel engravidou, apesar da idade. Todos comentavam que ela era estéril, e agora está no sexto mês de gravidez! Como você pode ver, para Deus, nada é impossível".

Já sem se conter, Maria exclamou:

"Agora tudo está claro:
    sou serva do Senhor, quero fazer a sua vontade.
Que aconteça comigo
    conforme todas estas palavras".

Então, o anjo a deixou.

Bendita entre as mulheres
Lucas 1.39-56

Sem perder tempo, Maria tratou logo de se arrumar e viajou para uma cidade da região montanhosa de Judá. Ali, foi à casa de Zacarias. Assim que entrou, cumprimentou Isabel. Quando Isabel ouviu a saudação de Maria, o bebê se agitou dentro dela. Cheia do Espírito Santo, começou a cantar:

"A bendita entre as mulheres está ao meu lado,
    e o bebê em seu ventre é igualmente abençoado!
E por que seria eu tão abençoada?
    É a mãe do meu Senhor! Que visita inesperada!
Quando as palavras da sua saudação
    me chegaram aos ouvidos e ao coração,
O bebê em meu ventre
    agitou-se de exultação.
Que felicidade a sua! Você creu no que Deus faria!
    Sabia que cada palavra se realizaria".

Então, Maria irrompeu em louvor:

"Meu coração extravasa em louvor a ti, ó Senhor;
    Quero dançar ao som da canção do meu Salvador.
Deus decidiu olhar para mim, e vejam o que aconteceu:
    a mulher mais feliz da terra sou eu!
O que Deus me fez nunca será esquecido,
    o Deus cujo nome é santo, para sempre engrandecido.
Suas misericórdias sempre se renovam
    sobre aqueles que de coração o adoram.

Ele estendeu o braço e mostrou que é poderoso,
   dispersou todo arrogante e todo orgulhoso.
Derrubou do trono os tiranos assoberbados,
   e exaltou os simples e humilhados.
Aos pobres e famintos deu um banquete extravagante;
   ficaram a ver navios os ricos arrogantes.
Voltou a abraçar Israel, seu filho escolhido;
   por sua eterna misericórdia sentiu-se compelido.
Cumpriu-se a sua promessa! Está consumada!
   Firmada com Abraão, agora manifestada".

Maria ficou três meses com Isabel, depois voltou para casa.

Nasceu o Salvador

O NASCIMENTO DE JESUS

Mateus 1.18-25

O nascimento de Jesus aconteceu assim. Sua mãe, Maria, estava prometida em casamento a José, mas antes que se casassem José descobriu que ela estava grávida. Isso aconteceu pelo poder do Espírito Santo. José se sentiu envergonhado, mas como era de espírito nobre, resolveu tratar o assunto com discrição, de modo que Maria não passasse por humilhação pública.

Enquanto pensava no que fazer, ele teve um sonho, e no sonho o anjo de Deus falou: "José, filho de Davi, não tenha medo de se casar. Maria está grávida pelo Espírito Santo. Ela dará à luz um filho, e você, José, a ele dará o nome de Jesus — 'Deus salva' — porque ele salvará o povo dos pecados deles". Era o cumprimento da palavra do profeta:

Prestem atenção: a virgem ficará grávida e dará à luz um filho;
Eles o chamarão Emanuel (Deus Conosco, em hebraico).

Então, José acordou e fez exatamente o que o anjo de Deus lhe havia ordenado no sonho: casou-se com Maria. Entretanto, não consumou o casamento enquanto ela não teve o menino, a quem chamou Jesus.

Lucas 2.1-7

Naquele tempo, César Augusto ordenou o recenseamento de todo o império. Esse foi o primeiro recenseamento do período em que Quirino era governador da Síria. Cada habitante do império teve de viajar até sua cidade natal para se cadastrar. Por essa razão, José saiu de Nazaré, na Galileia, e foi a Belém, na Judeia, a Cidade de Davi. Como descendente do rei Davi, ele precisava comparecer em Belém. Maria, sua noiva, que estava grávida, o acompanhou.

Enquanto estavam em Belém, chegou a hora de Maria dar à luz, quando nasceu o tão esperado primeiro filho. Com todo cuidado, envolveu-o em panos e o deitou numa manjedoura. Com tanta gente na cidade, não havia lugar para eles na hospedaria.

Glória a Deus nas alturas
Lucas 2.8-20

Havia pastores de ovelhas na vizinhança que se revezavam em turnos para tomar conta delas durante a noite. De repente, um anjo de Deus apareceu no meio deles, e a glória de Deus brilhou no lugar onde estavam. Eles ficaram aterrorizados, mas o anjo os tranquilizou: "Não tenham medo. Eu vim para anunciar a melhor notícia do mundo: o Salvador acaba de nascer na Cidade de Davi! Ele é o Messias, o Senhor. Vocês o acharão! O bebê está envolto em panos e deitado numa manjedoura".

Imediatamente, junto ao anjo surgiu um imenso coro angelical, cantando louvores a Deus:

"Glória a Deus nas maiores alturas,
Paz a todos os homens e mulheres na terra que lhe agradam".

Enquanto o coral de anjos se recolhia ao céu, os pastores disseram eufóricos: "Vamos logo a Belém para ver o que Deus nos revelou". Eles saíram correndo e encontraram Maria, José e o bebê deitado na manjedoura. Foi ver para crer! E eles saíram contando a todos o que os anjos disseram a respeito do menino. Todo mundo ficou impressionado e estarrecido.

E, atenta, Maria guardava no coração tudo que acontecia. Os pastores voltaram ao trabalho, louvando a Deus pelas maravilhas que tinham visto e ouvido. Tudo aconteceu exatamente como lhes fora dito!

ƁÊNÇÃOS PARA O MENINO

Lucas 2.21-38

Em seu oitavo dia de vida, o dia da circuncisão, o bebê recebeu o nome dado pelo anjo antes do nascimento: Jesus.

Quando se completaram os dias estabelecidos por Moisés para a purificação, seus pais levaram-no a Jerusalém para consagrá-lo a Deus, como ordenado na Lei de Deus: "Todo primogênito do sexo masculino será consagrado a Deus". Deveriam também sacrificar "duas rolinhas ou dois pombinhos" — outra prescrição da Lei.

Naquele tempo, havia em Jerusalém um homem chamado Simeão. Alma bondosa, vivia em oração, na expectativa da chegada do auxílio divino para Israel. Em comunhão com o Espírito Santo, este lhe revelou que ele veria o Messias antes de morrer. Guiado pelo Espírito, entrou no templo naquele dia. Quando os pais do bebê Jesus chegaram para cumprir os rituais da Lei, Simeão pegou o menino nos braços e louvou a Deus:

"Deus soberano, agora teu servo já pode ser despedido;
    vou-me em paz, pois tuas promessas tens cumprido.
Com meus olhos, vi tua salvação;
    e todos contemplaram a sua manifestação:
Uma luz para as outras nações, para que Deus seja revelado;
    uma glória para Israel, teu povo amado".

O pai e a mãe de Jesus ficaram calados, surpresos com as palavras do ancião. Então, Simeão os abençoou e disse a Maria:

"Este menino marcará para muitos fracasso cruel,
    mas para tantos outros grande recuperação em Israel,
Ele será mal compreendido e alvo de muita contradição —
    e, no seu caso, a dor de uma espada lhe atravessará o
        coração.
Mas a rejeição revelará quem possui integridade:
    Deus mostrará quem de fato está do lado da verdade".

Ana, a profetisa, também estava ali. Era filha de um homem chamado Fanuel, da tribo de Aser, e já estava bem idosa. Ela estivera casada sete anos, ficara viúva e contava agora com oitenta e quatro anos. Nunca deixava a área do templo, adorando noite e dia com jejum e oração. Na hora em que Simeão estava orando, ela apareceu, irrompeu num hino de louvor a Deus e entregou uma mensagem a respeito da criança, dirigida a todos os que aguardavam com expectativa a libertação de Jerusalém.

Os sábios do Oriente
Mateus 2.1-12

Depois que Jesus nasceu na aldeia de Belém, durante o reinado de Herodes, um grupo de sábios, vindo do Oriente, chegou a Jerusalém. Eles perguntavam: "Onde poderemos encontrar e homenagear o recém-nascido rei dos judeus? Observamos no céu do Oriente a estrela que marcou o seu nascimento. Fizemos esta peregrinação para adorá-lo".

Quando ficou sabendo disso, Herodes ficou apavorado — não só ele, mas também quase toda a Jerusalém. Herodes não perdeu tempo. Reuniu os sacerdotes e líderes religiosos da cidade e perguntou: "Onde o Messias deveria nascer?".

Eles responderam: "Em Belém, no território de Judá. O profeta Miqueias escreveu claramente a respeito:

Ó Belém, na terra de Judá,
    não será mais desprestigiada.
De suas colinas virá o líder
    que irá pastorear e governar meu povo, meu Israel".

Herodes, então, convocou uma reunião secreta com os próprios sábios. Fingindo-se devoto, conseguiu que o informassem da época exata em que a estrela aparecera. Então, contou a eles sobre a profecia a respeito de Belém e pediu: "Tratem de encontrar essa criança; procurem em toda parte. E, assim que a encontrarem, me avisem, pois quero me juntar a vocês quando forem adorá-la".

Instruídos pelo rei, eles partiram. Logo depois, a estrela apareceu outra vez, a mesma que eles tinham visto no céu do Oriente. Ela os guiou até o lugar em que estava a criança. Eles mal podiam conter a alegria: estavam no lugar certo! Haviam chegado na hora exata!

Entraram na casa e viram o bebê nos braços de Maria, sua mãe. Num gesto de submissão, ajoelharam-se e o adoraram. Em seguida, abriram a bagagem e entregaram os presentes: ouro, incenso, mirra.

Depois, num sonho, foram advertidos a não dizer nada a Herodes. Por isso, na hora de voltar para sua terra tomaram outro caminho e partiram sem ser vistos.

O Salvador está vivo

CRISTO MANTÉM TUDO UNIDO
Colossenses 1.15-23

Quando olhamos para o Filho, vemos o Deus invisível. Olhamos para o Filho e vemos o propósito original de Deus em toda a criação. Pois tudo, absolutamente tudo, acima e abaixo, visível e invisível e todas as hierarquias dos anjos — tudo começou nele e nele encontra propósito. Ele estava lá antes que tudo viesse à existência e ele tudo mantém até o presente momento. E, no que diz respeito à igreja, ele a organiza e mantém unida, assim como a cabeça dirige o corpo.

Ele foi supremo no princípio e, abrindo a vitória da ressurreição, será supremo no fim. Do princípio ao fim ele está lá, elevado acima de tudo e de todos. Ele é tão sublime que tudo que é de Deus encontra um lugar apropriado nele, sem nenhum conflito. Além disso, todas as peças quebradas e deslocadas do Universo — pessoas e coisas, animais e átomos — estão agora consertadas em vibrante harmonia, tudo por causa de sua morte, de seu sangue derramado na cruz.

Vocês são um exemplo do que ele é capaz de fazer. Houve um tempo em que vocês estavam de costas para Deus, numa atitude de rebeldia, sem perder oportunidade de causar aborrecimentos a ele. Mas agora, ao se dar completamente na cruz, morrendo de fato por vocês, Cristo os trouxe para o lado de Deus e acertou a vida de vocês, deixando-a íntegra e santa em sua presença. Não recusem um presente desses! Permaneçam firmes no vínculo da verdade, sintonizados com a Mensagem e atentos para que não sejam distraídos ou desviados. Não há outra Mensagem — apenas esta. Toda criatura debaixo do céu ouve a mesma Mensagem. Eu, Paulo, sou mensageiro desta Mensagem.

Digno é o cordeiro
Apocalipse 5.1-14

Vi um livro em forma de rolo na mão direita dAquele Que Está Assentado no Trono. Estava escrito dos dois lados e selado com sete selos. Vi também um Anjo poderoso, chamando em voz alta, como um trovão: "Há alguém que possa abrir o livro, que possa romper seus selos?".

Não havia ninguém — ninguém no céu, ninguém na terra, ninguém no mundo inferior — que pudesse abrir o livro e ler o que estava escrito.

Chorei muito porque ninguém era capaz de abrir o livro para lê-lo. Mas um dos Anciãos disse: "Não chore. Olhe — o Leão da Tribo de Judá, a Raiz da Árvore de Davi, venceu. Ele pode abrir o livro e romper os selos".

Então olhei para o trono, com os Animais e Anciãos à volta dele, e vi o Cordeiro, abatido, mas ainda de pé. Ele tinha sete chifres e sete olhos, os Sete Espíritos de Deus enviados por toda a terra. Ele se aproximou dAquele Que Está Assentado no Trono e tomou o livro da mão direita. Assim que o pegou, os Quatro Animais e os Vinte e Quatro Anciãos prostraram-se e adoraram o Cordeiro. Cada um tinha uma harpa e uma taça, uma taça de ouro cheia de incenso, que são as orações do santo povo de Deus. E eles cantaram uma nova canção:

Tu és Digno! Toma o livro, abre seus selos.

Foste morto! Com teu sangue, compraste homens e mulheres.

Compraste-os de volta de toda a terra.
Compraste-os de volta para Deus.
Fizeste deles um Reino, sacerdotes para nosso Deus,
Reis sacerdotes para governar a terra.

Olhei de novo. Ouvi muitos anjos à volta do trono, além dos Animais e Anciãos — dez mil vezes dez mil era o número deles, milhares e milhares, cantando:

O Cordeiro que foi abatido é digno!
Recebe o poder, a riqueza, a sabedoria, a força!
Recebe a honra, a glória e a bênção!

Então, ouvi todas as criaturas, no céu e na terra, no mundo inferior e no mar, juntas, todas as vozes em todos os lugares, cantando:

Para Aquele Que Está Assentado no Trono! Para o
    Cordeiro!
A bênção, a honra, a glória, a força,
Pelos séculos após séculos após séculos.

Os Quatro Animais clamavam: "Amém!". Os Anciãos se ajoelhavam e adoravam.

TUDO SE FAZ NOVO

Apocalipse 21.1-7

Vi o céu e a terra criados de novo. O primeiro céu se foi, a primeira terra se foi, o mar já não existe.

Vi a Jerusalém Santa, criada de novo, descendo resplandecente do céu, preparada para Deus como a noiva para o marido.

Ouvi uma voz, como um trovão, vinda do trono: "Olhe! Olhe! Deus está de mudança: vai morar entre homens e mulheres! Eles são seu povo, ele é o Deus deles. Ele vai enxugar toda lágrima dos olhos deles. A morte se foi de vez, e também se foram as lágrimas, o choro e a dor. A primeira ordem das coisas não existe mais". Aquele Que Está Entronizado continuou: "Olhe! Faço tudo novo. Escreva todas essas coisas, palavras confiáveis e precisas".

Então, ele disse: "Está feito! Eu sou o A e o Z. Sou o Princípio e o Fim. Da Fonte da Água da Vida darei aos sedentos. Os vencedores vão herdar tudo isso. Eu serei Deus para eles, eles serão filhos e filhas para mim.

//A MENSAGEM
BÍBLIA EM LINGUAGEM CONTEMPORÂNEA

Disponível nas versões
capa dura e luxo, e também
na versão digital em
www.olivetree.com para

A Mensagem — tradução do texto *The Message*, de Eugene Peterson — é uma tradução contemporânea da Bíblia com base nas línguas originais que procura preservar na linguagem do dia a dia seus eventos e ideias.

A Mensagem é uma Bíblia de leitura. Não tem a intenção de substituir as excelentes versões da Bíblia já disponíveis. O objetivo deste texto é apenas levar as pessoas — que perderam há muito o interesse pelas Escrituras e que não sabem que a Bíblia é um livro para ser lido — a ler.

O estilo faz de *A Mensagem* a tradução contemporânea preferida na modernidade. Tudo isso, aliado à linguagem cotidiana de *A Mensagem*, proporciona uma experiência de leitura dinâmica e surpreendente da Bíblia que você já conhece.

O trabalho de Eugene Peterson foi completamente revisado por uma equipe de renomados acadêmicos do Antigo e Novo Testamentos, que garantem sua precisão e fidelidade às línguas originais.

Esta obra foi composta em *Aparajita*
e impressa por Centrografica
sobre papel *Offset* 70g/m² para Editora Vida.